典藏中国·中国古代壁画精粹

高平开化寺壁画

杨平　主编

浙江摄影出版社

全国百佳图书出版单位

开化寺外景

　　开化寺，位于山西省晋城市高平市陈区镇王村的舍利山上，建造时间不晚于唐昭宗大顺元年（890），现存古建筑从北宋至清皆有。北宋时期的建筑仅存主殿（大雄宝殿），殿内保存着北宋元祐七年（1092）至绍圣三年（1096）所绘制的壁画，由北宋画师郭发领衔完成，是我国现存宋代寺观壁画面积最大的一处，也是古代壁画中不可多得的佳作。

　　开化寺主殿壁画原为四壁，现南壁画面已毁，仅存东、西、北三壁。由于保护不善，年久失修，绝大多数画面都受到不同程度的损害。壁画内容主要为经变画。东壁"华严经变"表现华严经体系中的"七处九会"；西壁与北壁西侧"报恩经变"，每铺中央绘制释迦牟尼说法图，在其两侧呈现《报恩经》里"华色比丘尼因缘""善友太子入海取宝"等12则经变故事；北壁东侧的"上生经变"，则表现经典流通、弥勒降生等内容。

　　开化寺的经变画，规模宏大，情节丰富，涉及面极广，在建筑、社会文化、风俗、科技各层面，一丝不苟地呈现了宋代的种种风貌。三壁之中，以西壁、北壁的情节最丰富、故事最精彩，此处略举几例。《坑埋贼主与妇人图》，出自西壁中铺"华色比丘尼因缘故事"，此画面仿佛是对宋代刑场的写实，处刑官吏、围观民众、被活埋的罪犯等无一不形神具备。西壁北铺"善友太子入海取宝"故事中的《善友太子游观遇织坊图》，将太子巡游队伍经过时，一座织坊内老妇专心织布，少妇心不在焉，少女好奇地爬墙观看，不同人物的各种反应被刻画得趣味横生，令人印象深刻。在北壁西侧，还有一幅赏心悦目的《兜率天乐舞图》，两位体态丰腴的舞女，躬身甩袖，翩跹起舞。舞女两侧，各坐六位乐伎，手持琵琶、排箫、箜篌、笛子等乐器。这幅画面也是我们了解北宋乐舞的重要资料。

　　虽然内容繁多，开化寺壁画对技法艺术的追求却毫无松懈。布局上，对景物、人物与建筑的比例关系处理准确而适度，情节安排主次分明，画师还巧妙地借助背景中的自然景物，如山石树木、云彩花卉等，区隔和连接情节，使得整幅壁画更加浑然一体。画面笔力遒劲细密，线条流畅，用色妍丽，在人物冠饰及建筑物勾线处等位置的沥粉贴金，使画面更加辉煌灿烂。开化寺壁画，可谓北宋工笔绘画艺术的典范。

扫一扫
看更多

大雄宝殿西壁南铺主佛如来头部特写

大雄宝殿西壁南铺主佛如来

3

大雄宝殿西壁南铺大势至菩萨头部特写

大雄宝殿西壁南铺佛弟子阿难

大雄宝殿西壁南铺如来左侧众弟子

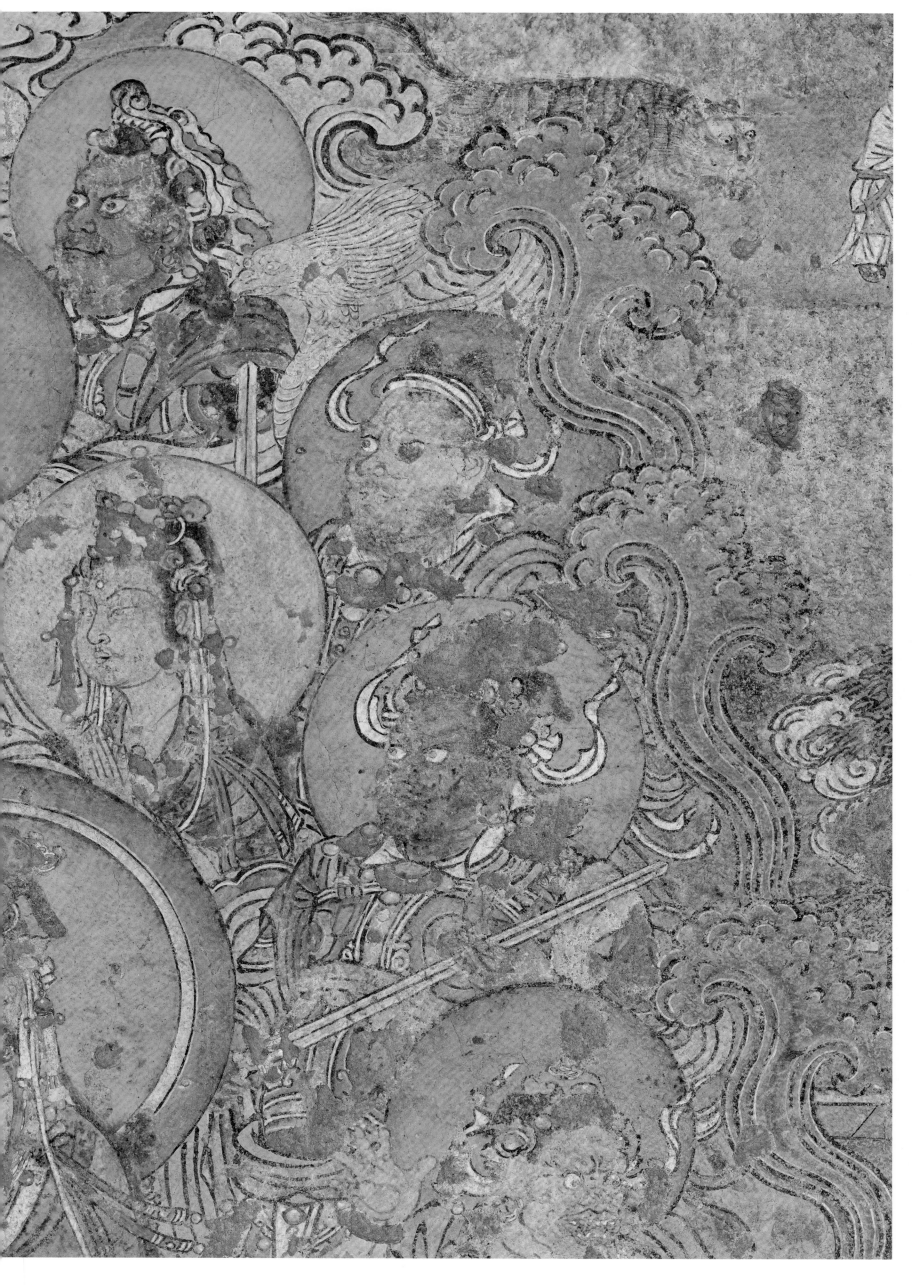

大雄宝殿西壁中铺全图

9

大雄宝殿西壁中铺如来

大雄宝殿西壁中铺如来右侧弥勒菩萨

大雄宝殿西壁中铺如来左侧供养菩萨

大雄宝殿西壁中铺如来右侧天龙八部之一

大雄宝殿西壁中铺如来左侧天龙八部之一

大雄宝殿西壁中铺（地藏城主与幻人图）

18

大雄宝殿西壁北铺金图

19

大雄宝殿西壁北铺如来

大雄宝殿西壁北铺如来右侧胁侍菩萨·

22

大雄宝殿西壁北铺如来左侧胁侍菩萨

大雄宝殿西壁北铺右侧听法王妃、羽扇侍女、比丘尼、布衣女居士等众

25

大雄宝殿西壁北铺听法王妃之一头部特写

大雄宝殿西壁北铺听法王妃之一头部特写

大雄宝殿西壁北铺（善友太子游观遇绸坊图）

大雄宝殿西壁北铺 善友太子乘大船航行至海渊图

大雄宝殿西壁北铺《善友太子归国图》

大雄宝殿北壁东侧《释迦牟尼说法图》

大雄宝殿北壁东侧弥勒菩萨及弟子、金刚众

大雄宝殿北壁东侧弥勒菩萨

大雄宝殿北壁东侧阿难弟子

大雄宝殿北壁东侧佛右侧菩萨、弟子、比丘、天王及金刚众

大雄宝殿北壁东侧佛左侧金刚

大雄宝殿北壁东侧弥勒菩萨及求法礼佛涯

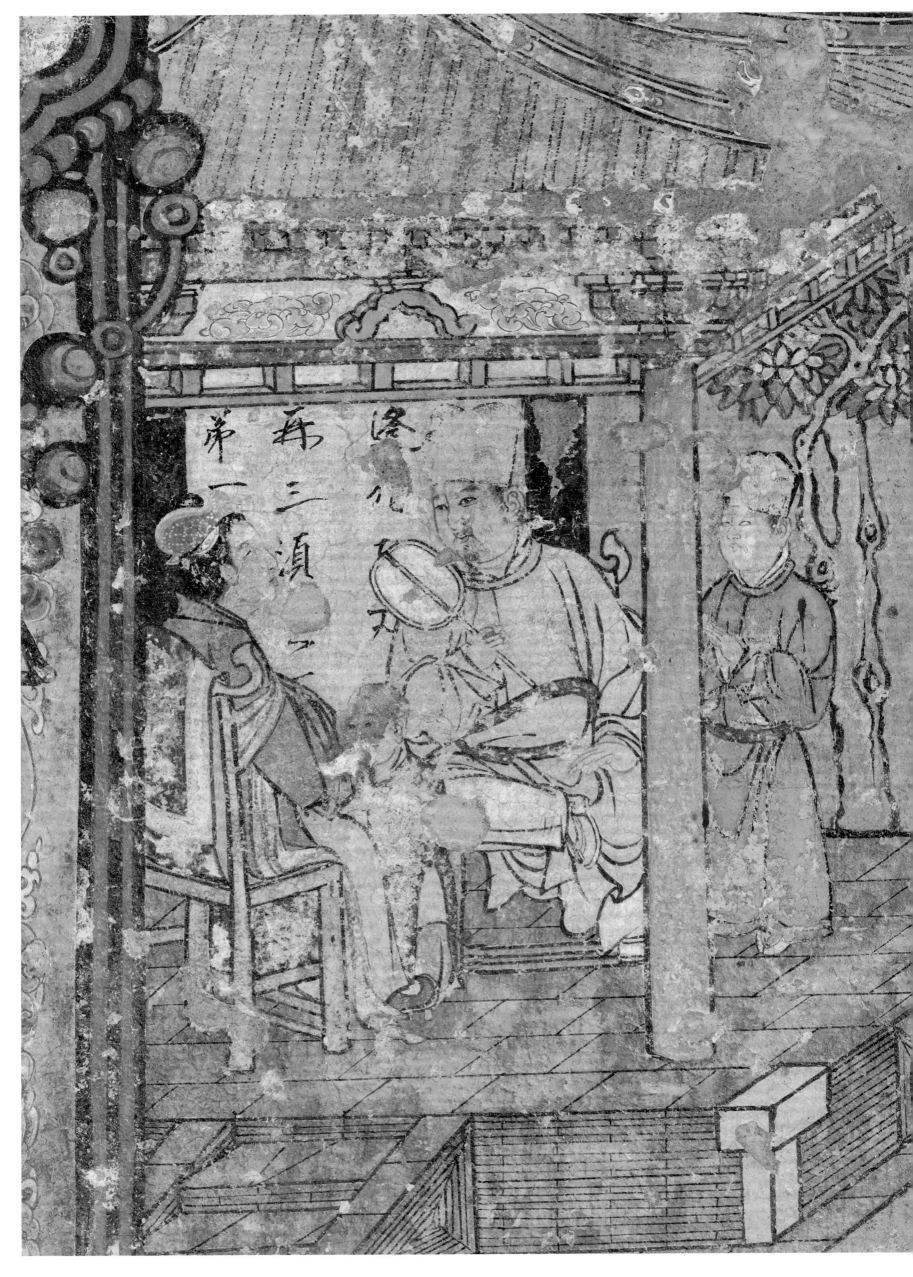

大雄宝殿北壁东侧《弥勒菩萨降生人间图》及·听闻弥勒菩萨名图·

大雄宝殿北壁东侧《兜率天乐舞图》

责任编辑：王嘉文　张　磊
装帧设计：杭州大视角文化传播有限公司
责任校对：朱晓波
责任印制：汪立峰
摄　　影：薛华克　欧阳君　张卫兵　张晓磊
撰　　稿：李玲玉

图书在版编目（CIP）数据

高平开化寺壁画 / 杨平主编. -- 杭州 ：浙江摄影
出版社，2023.1（2023.8重印）
（典藏中国. 中国古代壁画精粹）
ISBN 978-7-5514-4098-1

Ⅰ．①高… Ⅱ．①杨… Ⅲ．①寺庙壁画－高平－宋代
－图集 Ⅳ．①K879.412

中国版本图书馆CIP数据核字(2022)第163414号

書南
畫山

典藏中国·中国古代壁画精粹
GAOPING KAIHUASI BIHUA
高平开化寺壁画
杨平　主编

全国百佳图书出版单位
浙江摄影出版社出版发行
　　地址：杭州市体育场路347号
　　邮编：310006
　　电话：0571-85151082
　　网址：www.photo.zjcb.com
制版：杭州大视角文化传播有限公司
印刷：杭州捷派印务有限公司
开本：787mm×1092mm　1/8
印张：6
2023年1月第1版　2023年8月第2次印刷
ISBN 978-7-5514-4098-1
定价：68.00元